昭和保育園創立九十周年記念誌

だいすき！

伝統園にみる、
今こそ必要な保育の姿

昭和保育園　園舎

園　　歌

作詞　草葉隆圓
作曲　草葉隆圓

ショーワノヒカリーカガヤキ
テ　ミヤコノタツミニオヒタチ
テ　ココロノドカナコノニハ
ニ　ウタヒテアソベワガトモヨ

み空の星も
野の鳥も
いざもろともに
手を取りて
心豊にはげまし
樂しき
昭和保育園

初代園長
草葉隆圓さんの
作詞・作曲です！

はじめに

昭和保育園は、２０１８（平成30）年に創立90周年を迎えました。長きにわたって弊園を支えてくださった地域の方々、関係の方々、保護者の皆様、そして保育の最前線で尽力いただいた歴代の保育士の皆様には、ただただ感謝の気持ちでいっぱいです。誠にありがとうございます。

日本社会全体で価値観が大きく、かつ急速に変わりゆく現在において、創立以来ずっと変わらずに続けてきた『昭和保育園の保育』は、まさに人間としての基本を確立し、激動の時代を生き抜く力を身に着けるために最適であると自負しております。

創立90周年を記念し、先輩保育士たちが連綿と受け継いできた『昭和保育園の保育』を改めて見つめ直し、現代の保育士たちに伝承するとともに、お世話になった皆様にもご覧いただき、感謝の意をお伝えしたく、本書を発行することにいたしました。本書を手に取って、懐かしい気持ち、温かい気持ち、やさしい気持ちになっていただければ幸いです。また、現役の保育士に限らず、子育て中のお父さんお母さん、お孫さんをお持ちのおじいちゃんおばあちゃんにとって、子育てのヒントになれば嬉しい限りです。

昭和保育園は、いつも変わらず昭和保育園としてあり続けます。大きな節目の１００周年、またその先を目指して、地域の方々、関係の方々、保護者の皆様と共に歩んでいきたいと思います。これからも、どうぞよろしくお願いいたします。

もくじ

昭和保育園はどんな保育をしているの？……39

ごあいさつ

社会福祉法人京都社会事業財団　会長　野口　雅滋

昭和保育園は昭和3年（1928年）4月に設立された保育園なので、創立90年をむかえました。

設立当初の運営方針を読んでみますと、1．自然保育主義として屋外保育を多く取り入れ、2．保健保育主義として、毎週一回健康診断を行い、同一敷地内に有ったミルクステーションで新鮮な牛乳を飲ませ、園児の心身両面の健全な発育を目指すとあります。しかも、3．保育完成主義として、常に家庭訪問を行い、保護者家庭の経済的向上にも気を配って、保育の完成を期していたようです。創立15周年記念として昭和保育園の要覧が出された昭和18年は、太平洋戦争の最中でした。しかし、その保育目的にも「勤労家庭の幼児を預かって、昼間保育を行う。児童の心身の健全な発達を図ると共に、保護者が安心して働き、家庭生活が向上すること」となっています。設立当初の保育方針が見事に継承されていることが良く分かります。

当初の設立法人である（財）京都共済会は大正9年（1920年）に「西陣託児所」（現 北野保育園）を開設した経験があり、このような素晴らしい保育方針を立てられたのかもしれません。昭和保育園での運営経験も踏まえて、昭和3年秋（1928年）には「第二社会館保育園」（現 二条保育園）を開設しています。昭和10年（1935年）には医療施設である「西陣診療所」（現 西陣病院）も開設しました。その後、他法人との統合や名称の変更を繰り返し、(財)京都共済会は社会福祉法人 京都社会事業財団の一部となって、現在も多くの施設を運営しています。

終戦後15年目の昭和35年から、海老原良夫氏が同一法人内の児童施設であった北山寮(現 つばさ園)から異動し園長になっておられます。その後平成3年に、ご子息の海老原正人氏が園長に就任され、その急逝を受けて平成28年から今の海老原久美子氏が園長を勤めておられます。その節は多くの皆さまに支えて頂きありがとうございました。

今、保育園を取り巻く環境は激変しています。10月に保育料が無償化されました。これは、今まで人生の後半に集中していた社会保障を人生の前半にも投入し、少子化に少しでも歯止めをかけたいとの期待を込めたものだと思います。更に、人口減少社会に伴う労働人口の減少に対応して、育児中の女性が就労し易い環境を提供するという側面もあります。保育体制の整備など課題は多いですが、設立当初の理想を達成する環境へと改善されました。

保育を取り巻く環境は今後も大きく変化していくと思われますが、同一法人内には、「北野」「二条」の2保育園が存在します。児童養護施設の「つばさ園」や児童心理治療施設の「ももの木学園」、「松陽児童館」などの児童施設もあります。法人内の連携を深めて、環境変化の荒波を乗り切り、今後も発展し続けていただきたいと思います。

ごあいさつ

園長　海老原　久美子

昭和保育園は平成30年に創立90年を迎えました。長きにわたり、多くの皆さまに支えて頂きありがとうございました。昭和3年に今の場所に保育園が開設され色んな時代を経て、多くの子どもたちが巣立って行かれました。創立30周年以来周年行事をしてこられてなかったこともあり、職員さえも知らないことが多かったので、１００周年に向けて保護者の皆さまには年度途中の行事の際に紹介してきました。こんなに歴史のある保育園に通って頂いていることをお伝えはできたと思いますが、地域の皆さまや、関係する各方面の皆さま、諸先輩方には未だお礼をお伝えすることができていませんでした。そんな中、保護者の皆さまの強い後押しもあり、何か形になる物ができればと記念行事等の模索をしておりましたところ、地當亜希子先生とのご縁を頂き、園内の研修を進めていく中で、昭和保育園の日々の保育を次世代に伝えていくことをご提案頂きました。とは言え記念誌がこんな立派な形になってしまったのには誰もがびっくりしているところでもあります。私たちが特別に何かをしているわけではありませんが、ありふれた普段の行いが、希薄になりがちな時代の中で起こっている事の悩みや、迷いに何か一つでもお役に立てることができれば私たちにとっては身にあまる喜びです。

記念誌を製作するにあたり、保育園に大切に保管されている卒園名簿を開き見ますと、90年前の第1回に卒園された15名の皆さんの名前がありました。紙は古く途中痛みも酷い時期もありますが、代々の卒園児の氏名が今もずっと途切れることなく記帳されています。歴史の重みを感じると共に、大きな責任も感じ身も引き締まる思いです。

創立当初からこれまで、保育園を支えて頂いた温かい保護者様、地域の方々、関係各方面の皆さま、いつも働く親御さんと子どものそばで見守って頂いた先輩方、皆さまのおかげで私たちの今日があります。この場をお借りし改めて心から感謝申し上げます。

私たちは大好きな子ども達と一緒に好きな仕事をする毎日で、子どもたちの一日一日成長する姿を見せて頂いています。こんなに幸せな毎日にも感謝をしつつ、これからずっと先の時代にあっても、皆様といつまでも繋がっていられますよう精進してまいります。今後とも昭和保育園をあたたかく見守って頂けますようよろしくお願い申し上げます。

昭和保育園の歴史

１９２５年
（大正１４年）

財団法人京都共済会が、「第一社会館」を創立。
（社会館とは、方面委員事務所を置き、館内で様々な社会事業を行う施設のこと）

この年の出来事
三島由紀夫（小説家・劇作家）誕生
東京放送局（後の日本放送協会）がラジオ放送開始
大日本相撲協会（後の日本相撲協会）設立

１９２８年
（昭和３年）

財団法人京都共済会が、下京（現在は東山区になっている地域）の方面委員（現民生委員）と協力して、子どもたちの保育、教育の場として「昭和保育園」創立。（第一社会館内）
初代園長　草葉隆圓
定員　4月　７０名
10月　１３０名

この年の出来事
京都平安神宮に日本最大の鳥居が完成

草葉隆圓 氏

1930年

ラジオ体操放送開始
手塚治虫（漫画家）誕生
昭和天皇の即位の礼挙行

第一回FIFAワールドカップ

1931年（昭和6年）

第二代園長　矢野錬造　就任

1934年（昭和9年）

第三代園長　河崎幾三郎　就任

この年の出来事
室戸台風

1936年（昭和11年）

第四代園長　東音次郎　就任

この年の出来事
二・二六事件

東音次郎 氏

河崎幾三郎 氏

矢野錬造 氏

当時の木造園舎

1937年（昭和12年）

第五代園長　今西米四郎　就任

今西米四郎 氏

1939年（昭和14年）

第六代園長　小林好雄　就任

小林好雄 氏

地域の子どもの健康管理を行ったり、戦時中は留守家庭を守るなどの慈善事業的存在であり、また地域の住民に親しまれ保育活動を継続

1943年（昭和18年）

第七代園長　大西實　就任
この時の定員　160名

大西實 氏

1945年

終戦

年月不詳
園長　片粕由郎　就任

1950年
朝鮮戦争勃発

1951年
サンフランシスコ講和会議・平和条約調印

1960年（昭和35年）
園長　海老原良夫　就任

この年の出来事
ダッコちゃんブーム

1964年
京都タワーが開業
東海道新幹線開通
東京オリンピック

1972年
札幌オリンピック
パンダのカンカン・ランラン来日

1976年
およげ！たいやきくんが大ヒット

片粕由郎 氏

海老原良夫 氏

注）記録が残されていないため不明ですが、大西實氏から片粕由郎氏の間に別の園長が在任した可能性があります。そのため、片粕氏以後の園長は何代目か記載していません。

1980年（昭和55年）

木造校舎を全面改築
乳児保育を開始し、定員90名から120名に

この年の出来事
レークプラシッドオリンピックが開幕
世界保健機関が、天然痘の根絶宣言
モスクワオリンピックが開幕
イラン・イラク戦争勃発

1989年

平成に改元
ベルリンの壁崩壊
消費税3％実施

1991年（平成3年）

園長　海老原正人　就任

この年の出来事
千代の富士引退
ソ連解体

海老原正人 氏

新園舎

1995年

阪神淡路大震災
地下鉄サリン事件
ウィンドウズ95発売

1999年
（平成11年）

地域子育て支援事業を開始
地域の子育ての応援や交流を図る
れんがのおうちができる（子どもたちが名前をつける）

この年の出来事
マカオがポルトガルから中国に返還
だんご3兄弟が大ヒット

2000年
（平成12年）

京都市地域子育て支援ステーションに指定

この年の出来事
シドニーオリンピック開幕
二千円札発行

2016年
（平成28年）

現園長　海老原久美子　就任

現在に至る

フォトミュージアム

昭和33年の
鞘町通り

保育園に残っている
一番古い写真です。

そつえんしき

プールあそび

うきわでギューギュー!!

おいもほり

今も昔もみんなだいすき!!

おもちつき

"ペッタンコ それ ペッタンコ"

のびーるのびーる おもち

たのしいうんどうかい

昔から
保育園にある藤棚の
前での クラス写真。
担任は若かりし頃の
○○先生です!!

ひな人形も
ずっと ずっと 昔から
子どもたちを
見守り続けてくれて
います。

昭和57年
3月の
クラス写真です

おさんぽ大好き！みんなで歩こう！

年長さん
園長先生から
金メダルを
頂きました!!

園長先生のごあいさつ

お弁当 ありがとう♡

クッキング

給食の先生の
お手伝い
みんな大好き。

みてみて〜
給食の先生に
もらったよ!!

どろんこあそび
だーいすき♪

いつも
きれいな
お花が
いっぱい
咲いてるよ!!

しだれ桜が満開の
園庭を、子どもたちが
元気にかけまわっています!!

おどるの 大好き♡
とってもいい笑顔

竹馬

年長ぐみになったら
全員 竹馬に
乗ります!!

昭和保育園の元気な子ども達 全員集合!!

新しい
大型遊具
子どもたちに
大人気
です!!

SHŌWA

大切なもの

人が自分で生きていく力を身につけるために必要な事は何でしょうか。

特に、小さい頃に大切な事は何でしょうか。

それは、
周りの人が自分を大切にしてくれたと感じること、
周りの人が自分のことを知ろうとしてくれたと感じること、
周りの人が自分のためにああしよう、こうしようと考えてくれたと感じること、
などです。

それらは目に見える行いかもしれませんし、目に見えないけれど感じることができる何かかもしれません。言葉をかけてもらったら、耳で聞くことができます。五感のすべてを通じて、子どもたちは周りの人たちが与えてくれる温かい気持ちを感じ取り、心の中で次のような気持ちを育てていきます。

自分は大切な存在なんだと思う気持ち。

自分はここにいてもいいんだと思う気持ち。
自分はこのままでいいんだと思う気持ち。

それらを土台にして、子供たちは自ら考え、行動し、様々な経験を積んで成長していきます。土台がしっかりしていれば、その上にどれだけたくさんの経験を積んだとしても不安定にならずに、まっすぐ健全にのびのびと成長できるでしょう。

これらの事はいろいろなところで言われているので、皆さんも目にしたり耳にしたりしたことがあるのではないでしょうか。では、具体的にはどのように行動すれば良いのでしょうか。

例えば、
夏の暑い日に、外に出るときに帽子をかぶるように注意してくれた。
病気になったときに寄り添って看病してくれた。
注射をした後に泳いではいけないと注意してくれた。
道路を歩くときに危なくないように注意してくれた。

おいしいご飯を作ってくれた。
悲しい時に話を聞いてくれた。
嬉しい時に話を聞いてくれた。
一緒に遊んでくれた。
手をつないでくれた。
抱きしめてくれた。
笑いかけてくれた。

このようにしてもらったときに、子供は「自分は大切にされている」、「自分のためを思って言ってくれている」と言葉では考えません。

また、大人もわざわざ「この子を大切にするためにこう言おう」、「この子のためにこうしよう」などと言葉では考えません。子供のことを思う気持ちが自然と言葉や行動になって表れているはずです。

それでも、これらの一つひとつが、その子のことを大切に思う、その子のことを認めるメッセージとなって、子供には確実に伝わっています。何気ないように見え

る毎日のやりとりの繰り返しの中でこのメッセージを送り続けることが、かけがえのない愛情となって子供たちの心をはぐくみ、生きる力の土台を築いていくのです。

たっぷり愛情を注がれて育った子供は優しいです。

自分が大切な存在だとわかっているので、他人も大切な存在として接することができます。

たっぷり愛情を注がれて育った子は強いです。

自分が愛されているとわかっているので、一時的に親と離れても寂しがったり怖がったりしません。

たっぷり愛情を注がれて育った子はのびのびしています。

自分はそのままでいいとわかっているので、周りの反応を伺ってビクビクすることなく自由に遊ぶことができます。

たっぷり愛情を注がれて育った子供は素直です。

愛情を受けることが心地よいことだとわかっているので、人の善意を恐れることなく受け入れることができます。

子供は遊びを通じて大切なことをたくさん学びます。それは、他人に依存することなく自立して、自分で考え、自分の力で生き抜くことができる人間になるための第一歩です。

たっぷり愛され、しっかり遊び、生き抜く力の土台を身に付ける。これこそが乳幼児期の子供たちにとって大切なことだと昭和保育園は考え、日々の保育の中で実践しています。

昭和保育園はどんな保育をしているの？

昭和保育園には、保育マニュアルのようなものはありません（防災、散歩、プール遊びなどのマニュアルは整備しています）。それでも長い間一貫して「昭和保育園の保育」ができたのは、保育士一人ひとりが先輩保育士の姿を見て、学び続けたからです。何年も、何十年も同じ先輩から学び続けることができるのは、異動がない私立保育園の強みの一つです。

では、具体的にどのようなことが脈々と受け継がれているのでしょうか。

○保育理念・方針

昭和保育園の保育理念「健康」「安全」「愛情」の3つを柱にして、家庭的な雰囲気の中で子ども達が健やかに育ちあう保育を進めています。

「健康」は何物にも代え難く、健康でさえあればいいと言われるくらいに大切であり、健康は子どもの生活そのものです。そのための環境の準備に手は抜きません。健康のための組み立てはしっかり保育の中に織り込まれています。例えば、毎朝登園した時に保護者から保育士に子どもの体温を伝えてもらうのは、保護者の方にその日の子どもの体調を知ってもらう事から始まる、保育園と保護者の協同作業です。

毎朝の親子のスキンシップと会話の時間にもなりますね。

次に「安全」ですが、朝お預かりしたお子様を夕方無事にお返しする、この基本的な事を実現させるためにもしっかり保育をしなければなりません。親御さんには、安心して仕事を頑張ってもらって、お迎えに来られたらすぐに家に帰ってご飯の準備ができるのが親子共々一番の幸せなことです。「少しぐらいのけがはいいですよ、お家でもよくケガしますから」と言ってもらえるようになったら、親御さんとの関係はもう良好です。また、少しぐらいのけがや病気は、成長するのに大切な練習にもなりますが、大事な事を見逃さないように、丁寧に保育をしていくことを目標にしています。早め早めの手立ては大きな病気や事故を防ぎます。そのためにも、毎朝の園庭点検は欠かせません。

そして「愛情」です。愛情は誰もが持ち合わせているので、それを大いに使っています。子どもに愛情をたっぷりかけると親御さんが育っていかれます。親御さんが育っていかれると、子どもも育っていきます。昭和保育園は経験の長い保育士が多いので、親御さんにもたっぷりの愛情を注ぎます。親御さんの安定は子どもにすぐ伝わり、子どもが安定すると親御さんはさらに安定します（そうすると保育も安定し、保育士の仕事は本当に楽になるという訳です）。誰もが持っている愛情を引き出

すのも保育士の大きな仕事です。一番楽しい仕事と言えるかもしれません。

これらの理念の上に、次のような保育をすすめています。

あそびを大切にしたのびのび保育

子どもの生活はあそびです。あそびこそ子どもの可能性をたくさん秘めています。乳幼児期にたくさん遊んで知恵と知識、体、工夫、協調を育てます。

周囲の恵まれた自然を活かした保育

四季折々の自然の中で戸外活動や散歩を楽しみながら歩く力と豊かな感性を身につけます。

丈夫な体を作る保育

愛情をこめた完全給食と手作りおやつ等、食は何よりも体作りの基本と考えています。そして薄着と裸足保育で病気に負けない体をつくります。

人は、伸びる力を持っています。人は、人に愛を分け与えられます。それを繰り返し、ずっと続けていけばいい。子どもたちには、とにかく生きてほしい。そのために、人として大きく育つために必要な力を幼児期に身に着けてほしい。そういう願いを持って、毎日の保育をしています。

コラム　自然に親しむ

古い資料を紐解きますと、昭和18年に発行された「創立拾五周年記念　昭和保育園要覧」の中に、次の記述があります。

本園は労働家庭の子女を預り昼間保育し其労務を補ふを以てし、其主眼とする所は
一、自然保育主義にして、我が京都の誇りたる山紫水明を其儘《そのまま》子女の保育園とし、自然による保育をなし、(以下略)

自然に親しみ、のびのびと過ごすのは昭和保育園の特徴の一つですが、こんなに昔から受け継いできたんですね。

昭和保育園では、大人があれこれ言わないので子どもたちはのびのびと育ちます。もちろん放ったらかしではなく、ここだけは見逃せないというポイントを押さえて保育します。そのためには、常に子どもたちをしっかり見ることは欠かせません。

○保育士の心構え

自分の準備と保育の準備を済ませて、いざ子供に相対する時に大切なことは笑顔です。大好きな子どもたちの事を考えると、自然に笑顔になります。そして、保育士が笑うと子供も笑います。保育士の明るさ、笑顔は子供に移ります。また、真剣な話でも笑顔で話す方がホッとして聞きやすくなります。

どんな局面でも笑顔に転換できるユーモアが大切です。たとえば、1日に3回も4回もウンチを漏らす子どもがいると、つい「またウンチたれて！」と考えがちですが、ここで「ウンチが出ぇへんかったら大変やで、出たらバンザイやで」と楽しく言うと、場が和みますし、その子も安心できます。大変なことでも、考え方ひとつでお互い前向きになって、次のステップに進むことができます。

それでも、どうしても切羽詰まって余裕がなくなる時があります。子どもたちの前でそれを自覚できたら、気持ちを落ち着けるために、あえて面白いことや変なことを言うのも一つの手です。子どもと一緒にアハハと笑えば、先生も子どもも気持ちを切り替えられます。

◯ 保育のあり方

昭和保育園が大事にしてきたことは

・しっかり遊ぶこと
・しっかり食べること
・しっかり寝ること
・子ども一人ひとりをしっかり見ること
・場合によっては本気で叱ること
・保護者とのつながり、寄り添って保護者と一緒に育っていくこと

です。

珍しいことを色々するより、ありふれていても子供が全身で楽しみ喜んでい

る保育でこそ、子どもたちは育つように思います。年齢や成長に沿って自然に毎日の生活を積み重ねていけば、年代に合った能力が自然に身につくのではないでしょうか。

そんななか、昭和保育園でもありふれたことしかしていないわけではありません。例えば、ヴァイオリンを弾く時間があります。しかし、ヴァイオリンを上手に弾くことを目的としているのではなく、ヴァイオリンを通じて日ごろ触れる機会の少ないものに触れて物を大切に扱う心を養うこと、日々の練習を通じて挨拶や礼儀を身に着けること、難しそうなことにも挑戦していくこと、身近にあるピアノとはまた違った音色を聞いて、音楽に興味を持ち、親しむことなど、生きていくうえで大切なことを身に着けることを目的にしています。

また、保育園を卒業して小学校に上がると、毎日椅子に座って勉強しなければなりません。そのために、落ち着いて椅子に座っている練習。正しい姿勢でしっかり座るには、体がしっかりしていないといけません。そのために、必要な筋肉をつける・・・。

ああなってほしいという大きな目的があり、そのためにはこれができないといけない、そのためにはこれが、そのためにはこれが、という連鎖が常に意識されています。ヴァイオリンなどの特殊な保育は、あくまでもその目的を達成するための手段の一つなのです。

◯ 保育の実例

ある日の給食の時間に、先生が何気なく、自分が子どもの頃に「秘密基地」を作ったことを子どもたちに話しました。先生は秘密基地づくりが本当に楽しかったので、生き生きと楽し気に話します。すると、子どもたちも「自分もやりたい！」という気持ちが芽生えたのでしょう、自発的に園庭に基地を作り始めました。自分たちであれこれ考えて、足りないものがあると「先生、◯◯ない？」と先生を頼ってきますが、先生が「何してんの？」と聞いても「ないしょ！」と言って教えてくれません。園庭に作っているので先生からも丸見えなのですが、そうこうしているうちに秘密基地が完成しました。先生は一切手も口も出さず、子どもたちが自分で考え、自分たちだ

秘密基地をつくる園児たち

けの力で作り上げた秘密基地は素晴らしい出来栄えでした。きっと、子どもたちの心にも、楽しかった思い出としてずっと残ることでしょう。

また、昔は社会全体がおおらかな雰囲気でしたから、毎日のように散歩に出かけていました。まるで探検のように園の周りを今日はこっち、今日はあっちと歩き回り、年齢の高いクラスではかなり遠くまで歩いていきました。地域とのつながりもでき、たくさんの人に見守られてきたと思います。そのおかげで、子どもたちは園の周りはだいたい道が分かるようになり、家族でお出かけして迷子になると、家には帰れないけど保育園までの道なら分かるということで、自力で保育園まで戻ってきたという事がありました。子どもたちの逞しさには驚かされます。

今は社会情勢なども変化し、以前ほど気軽には散歩できませんが、季節を味わい、歩く力と交通ルールを身に着ける機会として大切にしています。

○ 先生が指示しなくても子供達が自発的に動く

子どもたちが自発的に何かに取り組んだり、問題を解決したりするのは素晴らしいことです。そのためには日ごろの環境が大切で、子供達がやりたいことを生き生きとできる生活空間を保育士が準備しておくことが大切です。自由遊びの時間は保育士が遊びの用意をしておき、「やりたくなったらこっちにおいでよ」くらいの気持ちで誘います。そして、大人は黙って、注意深く子どもたちを見守ります。時に、人に迷惑をかけるなど、やってはいけないことをした場合は大人がしっかり説明して分からせるのが大事ですが、それを超えない範囲で「やらされる」のではなく「やってみたい」ことをやらせてあげる。それも子どもの意欲を引き出すために大切なことだと考えます。子どもが助けを求めてきたときには、しっかり応えてあげる。そうすれば子どもたちは、いつでも頼れる大人に見守られながら、安全な環境で安心して自由にのびのび遊ぶことができます。それが自発的な行動につながるのです。

また、毎日規則正しく生活していると、最低限の生活のルールは自然に身につきます。たとえば、子どもが行きたくもないのに先生が強制してトイレに行かせるのではなく、トイレに行っておけばオムツが気持ち悪くならないという経験を繰り返していれば自然と自分からトイレに行くようになります。心地よい体験を繰り返せば、子どもはその心地よさを求めて自発的に動くようになります。さらに、集団生活の中ではお手本がいるので、憧れたり真似をしたりしてできるようになっていきます。「あの子が褒められてる。僕も褒められたい」などの気持ちが、自発的な行動を後押ししてくれます。

そこでポイントなのが、子供が1日の生活の見通しを持てることです。毎日安心して、次はこうする、次はこうするということを繰り返すことが大切で、日によってやることの順番が違ったりすると、子どもは不安になって先生の指示を待つことになります。大きな流れは崩さず、所々に子どもたちが楽しめる刺激を入れつつ、生活を身に着けることが大切だと考えます。

注意が必要なのは、しっかりと見守るということです。子どもが自分で考えて行動するのはいいですが、子どもに責任を擦り付けてはいけません。たとえば、子どもが危険なことをやりたがったのでやらせるとか、食事の前の手洗いを嫌がるので洗わないなどは大人の責任の放棄です。子どもの自主的な思いや行動を尊重しながらも、基本的なルールからは外れないように見守ることが必要です。

○保護者とのおつきあい

保育園に来るのは子供だけではありません。子どもたちのお父さん、お母さんやおじいちゃんおばあちゃんも送り迎えに来られます。

昼間に色々なことがあった保護者の皆さんを「おかえりなさい」とお迎えして、お子さんの1日の様子をお伝えする。時には悩みを聞いたり、相談を受けたりしながら、昭和保育園は「保護者もホッと一息、リラックスできる」場でありたいと願っています。

ここで、本書の出版を機に実施した自由記述式のアンケート結果を一部ご紹介します。

・1日の中であったことを報告してくださる時に親戚のおばちゃんやったかな?ってくらい楽しげに嬉しげに話してくれるので、親としては子が園でも大切に温かく見守ってもらえるって感じてありがたいです。

・仕事帰りで疲れている時も笑顔で「おかえりなさい」と言ってもらえるとエネルギーをもらいます！

・保育園以外の場所でお会いした際、保育園での様子だけでなく子育てや体調など気遣ってくださり安心できます。

・先生方皆さん優しく、息子と一緒に母の成長もサポートしてくださるなぁとありがたく感じています。

・朝の先生の「いってらっしゃい」の声かけが嬉しいです。家では誰も送り出してくれないので、いってらっしゃいを言われることがなく…。いってらっしゃいっていいなと思います。

・クラスの先生方皆さんが、迎え時や朝の時間に保育中の子供の写真を見せてくださったり、日中はこんな様子でしたとお会いしたら必ず教えていただけることがとても嬉しく思います。

・子育て中や子育てを終えた先生方がとても元気にキャピキャピ（？）笑顔で働いている姿を見て、何より自分が元気になります。仕事をしながら子育てすることに疲れる毎日ですが、たくさん相談にも乗っていただき、とても助けられています。

・先生方が話しやすく親身に相談に乗ってくれる。笑顔で大丈夫！と言ってもらうと悩みも大したことないかも～と思える。
・子育てに悩んでいる時に「れんらくノート」にいろいろと書かせてもらい、先生方からのお返事に毎回助けられていました。毎日忙しい中、全てのノートに目を通して、長い相談にもお返事をいつもくださり、本当にありがたかったです。ノートは大切に保管しています。たまに読み返しては初心に帰ったり、懐かしんでいます。

　時には、子どものことを考えて、日々の生活リズム等のことでお父さんお母さんに耳の痛いことをお伝えすることもあります。アドバイス、助言、提案、お願い・・・言い方は色々考えられますが、頑張って子育てしているお父さんお母さんには率直に受け入れられないこともあり、「なんでそんなこと言われなあかんの！」と反発を受けることもあります。

　それでも保育士たちはめげません。保護者の皆さんは仕事と育児の両立で大変なことは十分解っていますし、保育士が一言二言言ったくらいで生活リズムを改善するのが難しいことも解っています。保護者には保護者の歴史があり、家庭には家庭の環境があり、仕事の都合もあるからです。反発されても変化が無くても、その子の成長のために大切だと思うことは、繰り返しおつたえしていきます。（それでも解決しない場合は、親御さんの支援を考えていきます。）

すると・・・

・もともと仕事のことばかり考えて生活していたため、子育てもその付属ぐらいにしか捉えておらず、仕事の都合ばかり先生に伝えていました。ある先生から「お母さんが大変なのはわかった。でも、○○ちゃんのことも考えてください。」と言われ、当時はただ怒りしかありませんでしたが、今思えば、私の母親としての自覚が足りないことを指摘された的確なお言葉でした。その後もたくさんの先生に支えていただき、○○もすくすく、たくましく成長しております。昭和保育園のおかげで、私は少しずつですが母親になれているように思います。

アンケートにこのように答えていただいたり、何年か後に「先生があの時言ってたことが、今分かりました。ありがとうございました」「あの時は必死だったけれど

子供が大きくなるにつれて先生の言っていたことが分かるようになった。言ってくれてありがとう」という手紙をいただくことがあります。保育士をしていてよかった！と喜びを感じる瞬間です。

このように目に見える形で反応が返ってこなくても、後になって保護者の頭の中で「ああいうこと言うてた人がいたなあ、今ならわかるなあ」と思い出してもらえれば十分ですし、いつか必ず伝わると信じて、日々保護者の皆様とお話ししています。

◯ 昭和保育園と子育て支援

昭和保育園では平成11年から子育て支援を始め、翌平成12年に京都市から地域子育て支援ステーションの指定を受けました。

はじめての子どもで経験がない、実家が遠くて親御さんに頼れないなど、子どもの育て方がわからなくて迷っている、困っている人たちを助けたいという一心で始めました。迷ったり困ったりしたら、いつでも昭和保育園に来てほしい。育児のベテランがいるので、きっと力になれるから頼ってほしい。そう思いましたが、最初のころは子育て支援そのものが知られておらず、保育園の敷居はなかなかに高かったようです。

　それでも、どうしたらみんな保育園に来てくれるかと考えて講座を開いたり、イベントをしたり、場所を提供したりしながら地道に広報活動をつづけていくと、口コミで昭和保育園を広く利用していただけるようになり、問い合わせや相談を受けたりもできるようになりました。在園児とその保護者だけでなく、地域の方が保育園を頼ってくれるようになって、もう二十年が経とうとしています。


　保育園の基本的な役割というのは、お子さんを預かって保護者に仕事をしてもらう、子供の成長の課題などがあったときには対応する、親御さんの気持ちなども受け止めたりアドバイスしたり励ましたりするなどで、それも広い意味で子育て支援と言えます。

　子育て支援事業は、それらの支援を在園児に限らず地域の方も対象にしましょうという事ですので、事業としては保育事業と分かれていますが、根っこのところは同じです。子どもの健やかな成長を願い、親御さんが困らないように助けるのが保育園の役割であり、子育て支援の目的です。

一時期、自閉症の子供をたくさん預かっていたことがありました。その時には「すずらんの日」を作って、保護者の方に月に一回れんがのおうちに集まって、お茶を飲んで、話をして、情報交換とストレス解消をしてもらいました。「すずらんの会」の皆さんは、今でもつながりを持っていらっしゃるそうで、そういうきっかけの場を提供できたのは本当に良い経験でした。

この頃から障害児保育が広く進んでいき、保育士たちはそれについての勉強をしました。もともと保育士として沢山の子供の成長を見守ってきた経験があり、そこに知識が加わりましたので、相談に来られた保護者の話を聞いて、子どもを抱っこすると、保護者がなぜ困っているのかというのが大体すぐわかるようになったのです。理由が解れば先の見通しも立ちますし、保護者にも説明できますし、必要であれば保健センターや発達相談所などの適切な機関につなぐこともできます。早め早めの対応に向けてケース会議も重ねて行われました。

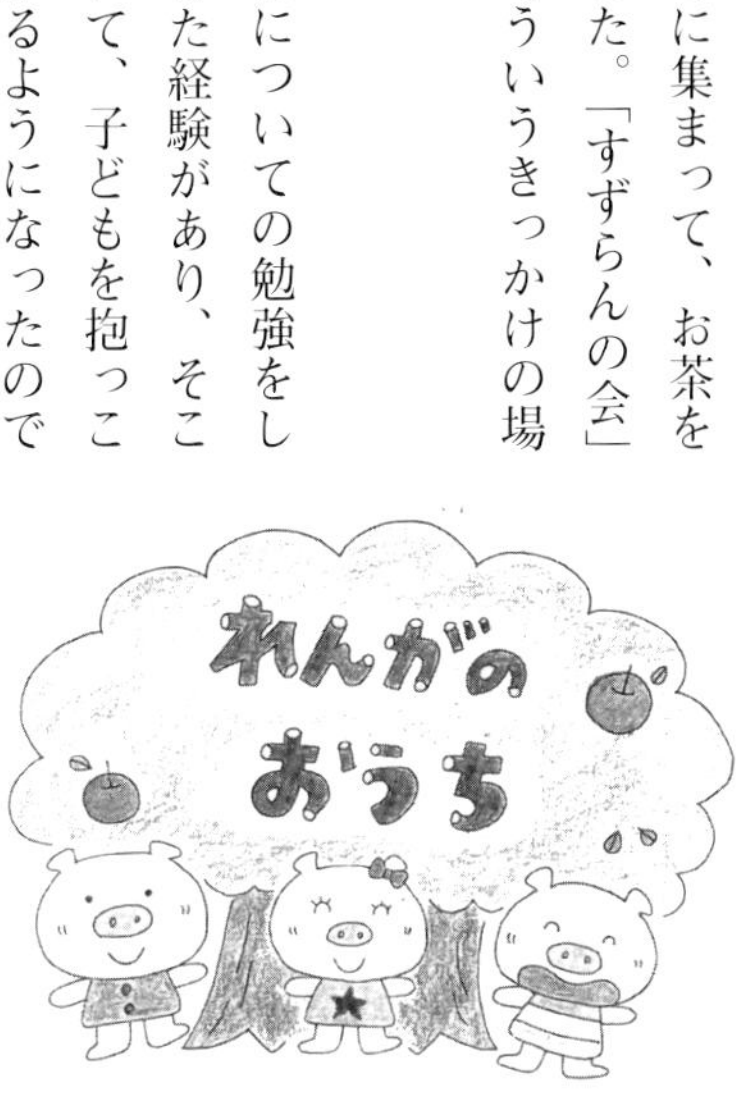

それぞれの機関との繋がりを深め、信頼関係を築くことはとても楽しい仕事です。保育園もお役所も各機関も、子どもと保護者のことを思っているのは同じですから、協力し合うことが理想のかたちです。たとえば保健センターとは、子どもの定期健診を中心に相談の連携を深めました。東山区は規模が小さいので「子育て支援ステーション会議」から交流を始め、区内の保育園と保健センターの信頼関係を築くことができたのは大きな一歩で、京都市において地域連携の先駆けであったと思います。福祉事務所の皆様の力添えが地域を大きく変えました。

他にも、療育施設や児童相談所などの機関との繋がりは大きな力になります。それらの機関がどのようなところかしっかり分かっていると、支援される人が安心して次のステップに進んでいきやすく、親も子も、そして保育士にも良い結果が得られることになっていきます。

子育て支援事業の取り組みは、大変なことも沢山ありますが、昭和保育園の保育のスキルを確実に上げてくれました。従来の保育と子育て支援の両輪で始めた事業計画は、今となっては昭和保育園の進むべき方向をしっかり示してくれる結果となりました。これからも、今まで同様、地域の皆様の子育てを応援し、笑顔の輪を広げていきたいと考えています。

○ 地域の温かさ

事務室の棚の中に、主任の先生が代々付けている「寄贈者芳名簿」というノートがありました。当園に物品を寄贈していただいた方のお名前と品名を記録したノートで、昭和58年から始まっています。はじめの頃は、保育園の先生たちへの差し入れと思われるジュースやみかん一箱、靴下などでしたが、そのうちおもちゃ、古着、五月人形、雑巾、絵本、厚紙、裏が白い紙などが増えてきました。次々と書き綴られているのを見ると、保護者の方や地域の方々が保育園の子ども達の為にと、せっせと持ち込んでくださったのだと思わずにはいられません。それは今でも続いていて、時々電話を受けては頂きに行って、保育室で使ったりバザー等に利用させて頂いています。

地域の皆さまが当園を本当に大切にしてくださっている事に、ありがとうござい

ますと心からの感謝をお伝えしたい気持ちでいっぱいです。五月人形、鯉のぼり、そして今園庭にいる人気者の亀の亀吉と亀太郎は、ここへ来てからもう20年以上になります。ホールのひな壇にいたっては、なんと60年くらい前から大切に使っています。

このような地域の大きな愛に包まれて子どもたちは日々大きくなっています。

また先日、三代前の園長である片粕由郎氏の息子さんが昭和保育園の近くにお住まいなので、お話を伺いに訪れました。

片粕由一（よしかず）さん、88歳です。

片粕園長は本当に子どもが好きな方で、近所の子どもたちを集めて家で遊んであげていたことなど、懐かしく思い出しながらお話しくださいました。ちょうど由一さんが結婚した年に68歳で急逝され、京都市民生委員の会長をされていたので、保育園葬だけでなく民生局葬もされたそうです。本当に大勢の方が弔問にいらっしゃったそうで、片粕園長が多くの人に愛されていたことがうかがえました。由一さんにとってもとても自慢のお父様で、とても尊敬されいていることがお話を伺いながら伝わってきました。

片粕園長や「いただき物帳面」に名前のある方々をはじめ、地域の大勢の皆様に愛され、支えられてきたからこそ、当園は90年の節目を迎えることができたと、改めてありがたく感じます。これから100周年、またずっとその先に向かって、常に今まで同様に地域の皆様に愛される保育園でありたいと考えています。

昭和保育園の保育と理論

ここでは、昭和保育園の保育をご紹介するとともに、その保育が理論的にいうとどのような効果があるのか、どのようなメリットがあるのかを、選択理論心理士の地當亜希子氏の監修でご紹介します。

乳幼児の保育だけでなく、小学生になっても中学生になっても、大人になっても使える理論ですので、小さいお子さんをお持ちの方だけでなく、多くの方に読んでいただき、子育てや職場の人間関係などに活用していただければ幸いです。

基本的な理論のご紹介

まずはそれぞれのエピソードの前に、基本的な理論を一部ご紹介します。

選択理論心理学は、脳の働きを説明しています。人は生まれながらにして5つの基本的欲求を持っています。5つとは

■体の欲求

1 生存の欲求……寝たい、食べたい、休みたい、安心安全、健康

■心の欲求

2 愛・所属の欲求…愛し愛されたい、関心をもって欲しい、仲間の一員でいたい

3 力の欲求……認められたい、達成したい、人の役に立ちたい

4 自由の欲求……自分のことは自分で決めたい、強制されたくない

5 楽しみの欲求……学び、遊び、笑い、楽しむ

この基本的欲求を満たすために人は、脳の上質世界という場所に「この人好き・こうなりたい・これほしい」等のイメージ写真を貼り付け、それを得るために行動しています。人それぞれ欲求の強さ弱さは違っているのですが、幸せだと感じるにはこの5つの基本的欲求をバランスよく満たすことが大切です。満たされていないと、「なんかおもしろくないなあ」「私なんて」という風に不幸感につながってしまいます。しかも、生まれながらに持っている欲求なので、たとえ不健全な方法ででも満たそうとしてしまいます。自分がコントロールできるのは自分の行為と思考だけです。例えば、自分がコントロールできることで力の欲求を満たすには「やってみた」という体験や「うまくいった」「できた」という成果を感じることが必要で、それがないと、人を介して力の欲求を満たそうとしてしまいます。すなわち、人を思い通りにしたり、支配したり、相手が自分の思い通りになるまで、ガミガミ言い続けたり、刺激が足りないと思って暴力に訴えたりすることで、結果として悲しい事件になることもあります。あくまでも、欲求は健全に自分自身でコントロールできる方法で満たすことが大切なのです。

5つの欲求の中でも、愛・所属の欲求が満たされると他の欲求も満たされやすくなると考えられています。大切な人に関心を持たれたり、信じていると言われたりすると、どんなことでも乗り越えていける力が湧いてくる、そんな経験はないでしょうか。だからこそ、温かい人間関係を築き、大切に扱われることが乳幼児教育だけでなく人として不可欠なのです。昭和保育園が大切にしているのはまさに「愛情」で、保育士と子ども、保護者、職員同士の温かい関係性が伝わってきます。

またその他の基本的欲求を満たすことも自然にいつも意識されています。生存の欲求は「安全」「健康」しっかり食べて寝ることで満たされています。力の欲求は、子どもたち自身が考え、「できた」という体験を繰り返し、毎日のプロセスを丁寧に過ごすことで、自分で人生の舵をとる自立へと向かうことで満たされています。自由の欲求は、ルールという軸や基準がはっきりしているので、その他は個性や個々の選択を認められており、解放感があります。楽しみの欲求は、しっかり遊ぶことにより、子どもが生き生きと自発的な行動をしています。

もう一つの大きなポイントは、外側から刺激して動機付けをしていないということです。
これは各エピソードの後で解説しています。

地當　亜希子

ごはんを食べよう

子どもたちみんながスケジュール通りの動きをしてくれるわけではありません。給食もその例にもれず、口を開かない子、うろうろと歩き回る子、泣き出してしまう子、けんかをする子、食べ物で遊ぶ子、ウトウト寝てしまう子・・・いろいろな子がいて、その子たちをどうにかしようとして保育士さんたちが「○○ちゃん、こっちにきてお座りして、○○ちゃん、早く食べてね？　あー○○ちゃんと○○ちゃんはケンカしないで！どうしたの？」と声をからして大声を上げて部屋のなかは大騒動、ということはないでしょうか。こんな大騒ぎでは、ゆっくり食事を楽しむこともできませんね。

昭和保育園のベテラン保育士さんたちは、決して子どもたちをコントロールしようとはしません。給食の時間にお昼ご飯を食べることはもちろん大切なことですが、それに気を取られすぎると「何が何でもこの子たちに給食を完食させなければいけ

ない」という考えに縛られてしまいます。そうなると、「食べて」「食べて」「とにかく食べて」と言い続けることになってしまいます。

昭和保育園では、先生たちが口うるさく言わなくても、ほとんどの子どもが完食します。どうすれば、それは可能になるのでしょうか。

入園当初、子どもたちは環境の変化などでほとんどスムーズには食べてくれません。一日一日、一緒に過ごすことでその子の性格を見たり、食事のリズムを見たり、その子その子に合わせた食事のかたちを探ります。子どもがご飯を食べたがらない時、原因はいくつも考えられます。

眠くなってきた？

体調が悪い？

おかずの見た目がイヤ？　形？　匂い？　歯ごたえ？　大きさがイヤ？

給食の時間の前に、何か嫌なことがあった？

お腹が減っていない？

午前中に、お腹を空かせるような活動がしっかりできていない？　朝ごはんは何時に食べた？

そもそも、根本的にこの子が食べられない食材ではないか？　アレルギーは大丈夫か？

その子の「現在」を観察するだけでは原因はわからないこともあります。午前中のその子の様子はどうだったか？　朝、登園した時の様子はどうだったか？　保護者は何か言っていなかったか？　保護者の様子はどうだったか？

観察の対象は「今」「その子」だけでなく、「今日これまでの様子」「保護者」、さらには「家庭での食生活」「家庭での生活リズム」にまで及びます。

そこまでしてやっと、「この子の家庭は夜更かししがちで、朝起きるのがおそく、朝ご飯を食べるのも遅いことが多い。もしかしたら今日も朝ごはんが遅くて、今はまだお腹が減っていないのかもしれない。それなら、お昼ご飯は少なめにしておいて、昼寝の後のおやつを多めにして調節しようか」という仮説と対応策が浮かびます。それでも仮説にすぎないので、正しい理由とは限らないのが辛いところです。

一方、理由が明確なこともあります。「この子はこの食材が嫌い」とわかっている場合です。その場合も、食べることを無理強いはしません。「お友達と一緒にご飯を食べてる時に、みんなが『おいしい〜!』って言ってるのに自分だけ『私これたべられへん』ってなったら残念やろ?だから、ちょっとでも食べてみよう?」「ライオンさんはガブガブ、ぞうさんはモグモグ、〇〇ちゃんはどうして食べる?」「プリンセスもこれ好きなんだって」「食べてるとこ、お写真に撮ってあげるよ。帰りにお母さんに見てもらおうよ」と言葉で誘ってみたり、外が見える窓際に移動して気分を変えてみたり、抱っこして安心感をアップしてみたり。大切なのは、「食べることは楽しいこと」ということを感じられるようにすること。もちろん、少しでも頑張って食べられたら「食べられた、すごいやん!」と大げさすぎるくらいに認めてあげることも忘れません。

また、こんなこともありました。四月入園当時から、1歳のAちゃんはどうしても保育園で給食を食べることができませんでした。先生も保護者も、Aちゃんの様子をよくよく観察して、考えて、知恵を絞って、ようやく「お母さんが握ってくれたおにぎりなら保育園でも食べられる」ということにたどり着きました。大人たちはホッと一息。次の日から、お母さんの朝の仕事が一つ増えましたが、毎日必ず、愛しいわが子が保育園でひもじい思いをしないように、少しでも喜んで食べてくれるように、保育園で元気に過ごせるように、思いを込めてAちゃんのおにぎりを握って、保育園に持ってきてくれたのでした。Aちゃんは、はじめのうちはお母さんのおにぎりしか食べませんでしたが、保育園でご飯を食べることに慣れてきた頃に先生から「今日はこれも少し食べてみる?」「今日はみんなと同じおかずも少し食べてみる?」と誘われて、少しずつですが給食も食べられるようになり、ついにはお母さんのおにぎりを卒業!みんなと同じ給食を完食できるようになりました。

K先生は言います。

「とにかく、子どもたちに心地よく快適に過ごしてもらうことが一番。そうすれば、保育園という場に慣れてくれて、保育士との信頼関係も生まれて、安心して落ち着いて食べてくれるようになります。嬉しいことですね。」

もちろん、一人ひとりの子どもたちそれぞれに対応するのは大変です。人手は限られていますから、個別にきめ細かい対応をしようとすると、それはもう大変です。

「私たちはみんな、先の見通しがあるから頑張れるんです。今は大変やけど、何か月後には楽になるという事を今までの経験から知っているから頑張れる。これがいつまでも大変なままやったら、ちょっとしんどい。でも心配せんでも、いつか必ず食べてくれるようになります」

しんどい時にはお互いに助け合うことが必要です。ベテランはそれぞれの年齢のクラスがいつ・何で大変になるか分かっているし、周りを見る余裕もある。

「でも、体力がなくなって、体が動かへんのです。だから若い先生に『ちょっとあそこのクラス手伝ってきて！』って頼むんです。頭の中は今のままで20歳になれたら、すんごい保育士になれるのにねぇ（笑）」

理論で考えると？

昭和保育園のベテラン保育士さんたちは、目の前の子どもの姿に惑わされず、本来なら食べたい欲求があるはずと、その背景を見ようとしています。そして、子どもを変えようとはしません。子どもは自ら変わることはできても、大人の望むタイミングで思い通りには変えられないことを前提とし、理解した上で対応しています。またこれは、個人はその環境の中で欲求充足しようとするという理論に一致しています。

人はもともと内側に動機（行動する源）があるので、人から何か言われたからといって行動するものではありません。ですから相手から言われる言葉や雰囲気で「強制される」と思ったり、「させられる」と思うと心も体も頑なに閉じてしまうのです。物事への執着（ここでいう「食べさせないと」と思う気持ち）は、子どもが「食べること」を意識するというよりは、「させられようとしている雰囲気」への反発心になります。

大人が目的とする「こうなってほしい」「ああなってほしい」は一旦それを手放して、ただ、温かい人間関係のなかで子どもを信頼し、一人の人間として尊重し、一緒に楽しむことが、子どもたちの「ちょっとやってみようかな」「もっとやりたい」「もっと成長したい」「よくなりたい」という内側からの動機を引き出すのです。他のことに夢中になっていると、知らない間に食べていた・・・ということもあるのではないでしょうか。忘れた頃にできるようになっていた、そんな経験はありませんか？

また「食材が嫌い」とわかって直接的にアプローチする場合、その子どもの脳の上質世界のイメージ写真に注目し、声掛けをしています。食べられたことを一緒に喜ぶことによって力の欲求も満たされ、「さ

らに」「もっと」と次のステップに進みやすくなります。お母さんのおにぎりから始めるのも、自立までのプロセスを丁寧に踏んでいます。

目の前のマイナスだと思う現象は、いつまでも続く訳ではありません。大人が肩の力を抜いて少し遊び心を持つことで、大人も子どもも食事を楽しむことができればいいですね。

きまりを守ろう

保育園での生活は集団生活です。保育園での生活を円滑に進めるためにも、小学校に上がって、またその先での生活のためにも、集団生活のルール、社会のルールなど、身に着けておきたいことは沢山あります。しかし、大人がガミガミうるさく言ってもあまり身につかず、かえって言うことを聞かなくなったりします。

どうすれば、大切なルールを子どもたちに伝えられるのでしょうか。

「離れ小島で一人で住んでるんやったらいいけど、集団の中で暮らしているのであればある程度の目標を持ってできるようになるのがいいと思う。その方が気持ちよく過ごせるから」

と K 先生は言います。
ルールや規則は元をたどると、「安全のため」が基本にあって、「健康のため」「清潔のため」「困らないため」「衝突しないため」など、様々な理由で作られたはずですが、まとめていうと「それを守ってみんなで気持ちよく過ごすため」にルールはあります。冒頭の K 先生の言葉は、それを端的に表しています。

そうは言っても、それぞれのルールの理由や目的を子どもたちが理解するのは難しく、子どもにとっては「よくわからないけど、こうすることになってる」というものも多いでしょう。理由もわからないうちからルールを守らせるには、どうするのでしょう。

例えば昭和保育園では、トイレのスリッパをはいた後は、前に向けてそろえておくように指導しています。ただ前に向けてそろえるという行為だけでなく、「次の人が履きやすいよね」と声をかけて理由も説明しています。その理由がまだよく解らない小さい子でも「先生見てみて、私できてる！」というぐらい定着しています。

K先生は言います。

「形から入るのと、内面から入るのと、両方ありだと思います。形から入ると、後で理由が解った時にその形を守ろうという気持ちが生まれます」

もちろん、理由が解らないうちから定着させるには、「なんだかよく解らないけど、こうするのが良いみたい」と子どもたちに思わせる必要があります。そのためには、まずは大人が率先して実行すること。そして、できた子をしっかり褒めてあげること。

昭和保育園の先生は、褒め方もマンネリにならないように工夫をこらしています。遊園地のキャラクター風に褒めたり、面白おかしく褒めたり、やたら大げさに褒めたりと、なんらかの「特別感」を演出することで、より子どもの心に響くようになります。

もちろん、理由が解る年齢の子には理由も伝えます。

「ルールを教えるのではなくて、わかるように伝えていきます。あまりガミガミ言うと「また言ってるわ」となって聞いてくれないので、子供達相手でもしっかり伝えますね。あとは、先生がしっかり態度で示して子供に見せるようにしています」

とY先生は言います。「○○してはダメ」というルールを教えるのではなく、「○○

したらこうなるから良くない」ということをしっかり伝えます。
それでもルールを守れない子は出てきますが、その子たちを「ダメでしょ！」と叱るのではなく、「そのことについてどう思う？」と問いかけ、自分で気付けるようになってもらいます。

ルールを守り、ルールに込められた目的を理解していくうちに、「状況を見て、今こうしないといけないと気づくようになってほしいですね」という先生の気持ちはしっかりと実っていて、昭和保育園では「ああして、こうして、次はこれをやって」と先生が指示をしなくても行動できる子どもがとても多く、おかげで先生の大声が飛び交わない「賑やかだけどうるさくない」雰囲気になっています。

ただし、問答無用で大声で叱ることもあります。
「それは、自分やお友達の命に関わるときですね。そういう時はとにかく必死で叱ります。そしたら、その剣幕というか迫力は子供にも伝わって、事の重大さも解ってもらえるんやと思います。」

また、こんなこともありました。ある日のこと、一人の子どもから理由もなくかなり痛いことをされた先生は、涙を流しながら本気でその子に対して怒ってしまいました。感情的に怒るのは良くないというのが基本ですが、時には人間として本気で対応することも必要です。いつもニコニコ笑顔の先生が本気で怒ったら、その子にも「大人でもこんなことをすれば泣くほど痛くて、怒るんだ」と伝わったことでしょう。

普段あまり大声でガミガミ言わないからこそ、ここぞという時の迫力が生きてくるんですね。

理論で考えると？

子どもがルールをどう捉えるかには、３つのパターンがあります。

① ルールを意味のあるものとして受け取る

ルールを、ただ誰かが決めた面白くない意味のないものとして受け取るのではなく、子どもたちが意味のあるものと捉えて、たとえ誰も見ていなかったとしてもそのように行動しようと思える受け取り方です。そうすると、そのことだけを「守らなければ」と思うのではなく、他のことにも応用でき、気付く目や意識する力が養われていきます。トイレのスリッパを揃えておくのを「次のお友だちへの思いやりだね」と意味を伝えれば、スリッパを揃える度に思いやりの心が育まれ、また自分自身も心地の良いものだということがわかるでしょう。

② 環境やそこにある当たり前のものとして情報として受け取る

例えば壁に貼ってあるイラストを見て、子どもが自らやろう！と思うことも視覚的な受け取り方の一つです。その時は意味が解らなくても、いつも習慣として「出来た！」と思えることは内側の欲求を満たし、継続してやりたいという習慣、ひいては自信や自己肯定感にも繋がります。

③ 「やりなさい」「やらなければ○○する」と、指示命令として外部から言われた面白くないルールとして受け取る

この受け取り方では、その時恐れから、もしくは面倒だと思って一時的にやったとしても、言い続けなければ行動が続きません。言われることが嫌になるとそこから逃げることしか考えなくなるので、関係性も壊れます。このやり方ではルールを受け取る側が責任を持つことができません。

ベテラン保育士さんたちは①②の方法で伝えるのが上手いということですね。

これは組織においてのマネジメントの違いが参考になります。

マネジメントには、ボスマネジメント、リードマネジメント、放任主義という3種類があります。ごく簡単にいうと、ボスマネジメントは権威や権力を用いて行動を強制すること、放任主義は管理せず放置すること、リードマネジメントは内発的な行動ができる環境・仕組みを整えることです。組織においてボスマネジメントと放任主義で教育すると、どちらも人間関係も成果としてもうまくいきません。昭和保育園のエピソードのようにルールを明確にしておき、何をしてもいい訳ではないと線を引くのは、本当の自由や自立には必要なことです。これは関係性も成果も上手くいくリードマネジメントの大切なポイントです。

リードマネジメントの目的　「上質」を達成すること

上質の条件と特徴

①温かい人間関係から生まれる

②強制からは生まれない

③自己評価から生まれる

④有益

⑤最善

⑥改善できる

⑦気分がよい

⑧破壊的でない

柿谷正期　論文「クォリティースクールの取り組み」より引用

	ボスマネジメント	リードマネジメント	放任主義
人間関係	強制　恐れが支配する職場 従業員の抵抗　敵対関係 外部からの動機付け	協力的 風通しのよい　透明性 内的な動機によるもの 絶えず質について話し合いが行われる	孤立した (行動・目的が)不確実 常に変化している 一貫性のない、気まぐれな
上質世界（願望）	ボスの願望・やり方を押し付ける 欲求充足を意識しない 選択肢が少ない	現実の願望を取り入れる 欲求充足を意識 選択肢が多い	日によって異なる 全てに同意する お互いの方法で異なる
行動	致命的な７つの習慣を使う やり方を話すだけで見せることはしない ルールを設定 「誰が」に焦点を当てる 報復　攻撃行動	思いやりのある習慣を使用する わかりやすく模範を示す 協同学習 「何が」に焦点を当てる 基準を使用し、システムを整備・改善	双方を合併させる ＯＫという 両方するか、全くしないか 不明確な
評価	他者評価 懲罰のシステム　排除 上司が設定した基準	個人と組織との共同のシステムを開発する 検証 リーダー・従業員による基準 自己評価	評価は全く同じでない 一貫性がない 矛盾している
プラン	期限を設定 新しいルールを設定	強みを生かしたもの 従業員の価値を認める	その時必要と思われたこと 状況や環境に応じて

William Glasser International HP / 日本リアリティセラピー協会 HP をもとに作成

たっぷり遊ぼう

保育園の生活の中では遊びは非常に重要な位置を占めています。

昭和保育園の先生に「昭和保育園のどんなところを見て欲しいですか？」と聞くと、多くの先生が少し考えた後に「子供たちが遊んでいるところです！」と答えます。特別な何かをしているところではなく、ただいつもどおりに遊んでいる姿を見て欲しい。これは、毎日繰り返している遊びをどれだけ大切にしているかの表れではないでしょうか。

子どもは遊びの天才ですが、子供がするままに放っておくと遊びの幅が広がりません。かといって、大人が介入しすぎると子供の自由な遊びを制限することになってしまいます。子供を無理なく存分に遊ばせるためにはどのようなことに気をつければ良いのでしょうか。

「おもちゃを出す段階で気をつけていることはリアルさです」とY先生は言います。「リアルなイメージができる環境づくりをします。おままごと遊びの時には、私は食べ物を床に置くのは嫌なので机を出すんですよ。机といっても、箱に布をかぶせるだけなんですけどね（笑）」でもそれだけでぐっと遊びやすくなり子供たちの動きが良くなります。保育士がちょっとしたきっかけやアイデアを提供するだけで、遊びがどんどん広がっていき、子どもたちの生き生きした表情を見ることができます。

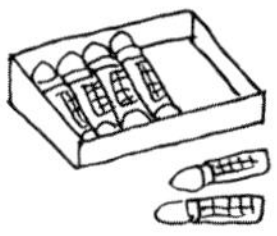

子供たちが遊び始めたら、先生はそっと見守ります。見ている中で子供たちが何かしたそうにしているのを感じたら、さりげなく必要なものを用意します。それだけで子供達が遊び始めることができれば、それ以上の手出しはしないようにします。逆にうまく遊べない場合はさりげなくお手本を見せてあげます。

例えば、洗濯遊びをしたそうにしていたら干すための紐を出します。やり方が分からなさそうにしていたら、先生が一緒に遊びながら、ちょっとだけ自分でやって見せます。人形を寝かしていると思ったら布団を出します。するとトントンやりだして保育園ごっこが始まります。お医者さんごっこをしたそうだなと思ったら椅子を並べます。最初は保育士が先生役でやってみると、そのうち子供だけでやり始めます。

Y先生は、自分も楽しみながら子どもたちの遊びをサポートします。

「大人だからこそ知っている遊びの素材と、使う方法を提供する。それを面白いと感じるかどうか、遊ぶか遊ばないかは子供次第ですから。そして、遊びが始まったらそ～っと身を引きます。子供達が面白いと思ったものに何かをくっつけたらどう接点ができるか、子供が気づくこともあって遊びが広がります。」

これを使ってこんな風に遊びなさいと言われても、ちっとも楽しくありません。子どもたちが遊ぶ中で自ら気付き、工夫して遊びが発展するからこそ楽しめるのです。あくまで、先生はきっかけをつくるだけです。

遊びが広がると分かった子供は、今度は何か閃いた時に周りを見回して何か持ってくるようになります。自分で工夫して遊びを広げるという考えが習慣化できるのです。

また、別の理由で遊びに介入することもあります。

「飽きた子が出てくると、おもちゃを足で蹴ったり、パズルをぐちゃぐちゃにしたりし始めて、だんだん散らかってきます。散らかった時点で、既に子どもは飽きています。色々な種類のおもちゃが混在していると、子供も遊びにくいので、飽きてきたなと思ったらこっそり片付けたり、別のおもちゃに注意を向けたりしますね。大人が途中で片付けるのは良いのか悪いのかわかりませんけど」

散らかっているおもちゃは、今のあそびではもう要らないもの。要らないから元に戻しましょう。という判断基準があれば、子どもたち自身で考えて片付けることができます。それを習慣化できれば一生使えるから教育になる一方、大人の概念で「片付けなさい、散らかしちゃダメでしょ」と言われていてはいつまでも身につきません。

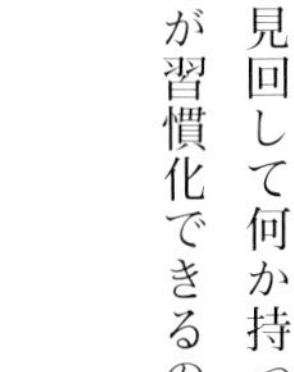

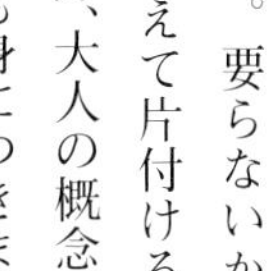

「同じおもちゃ、同じ素材でも、継続して遊び続けていくことと、それを保育士がしっかり見守ることが大切です。子供達が大きくなるにつれて遊び方も変わっていくのを見て、やっぱりこのおもちゃは出そう、子供達に大事だな、と思ったことが何度もあります。」

天気が良い日は外で遊ぶことも欠かせません。思い切り体を動かして遊べば気分もスッキリします。お腹も減ってご飯が進みますし、お昼寝もしやすくなります。

昭和保育園の園庭には、乳児がゆっくり安全に遊べるスペース、自然の中で虫探しに没頭できる空間、思いっきり走り回れるグランド、そして個々の能力に合わせて自由に遊べる遊具がたくさんあります。そのなかで、子どもたち自身がその日にやりたいことを選んで、自由に遊ぶようにしています。(年齢によって使える遊具の制限は設けていますが。)

いくつものクラスが同時に園庭で遊ぶこともよくありますので、小さい子どもたちは、大きいお兄ちゃん、お姉ちゃんたちが難しい遊具で遊ぶ姿を「すごいなぁ」、「かっこいいなぁ」、「いつか自分もできるかなぁ」と憧れをもって見ています。

そして、自分の力に合う空間や遊具で遊んでいると、そのうち体格、体力、筋力、跳力、握力、判断力が付いてくるので、だんだん難しい遊具にも挑戦できるようになります。初めは危ない事は避けておく、でも難しそうだけど楽しそう、やっぱり是非挑戦したい‼ できた‼ という風に、子どもたち自身の気持ちに合わせて遊びを変えていくと、子どもたちも無理なくステップアップできるので怪我も少なくて済みますし、保育士も無理なく全体を見守ることができます。

また、園庭には季節の花々が咲き、果樹、雑草、木陰があり、小さな畑で野菜の栽培もしています。はだしで走り回りながら文字通りそれらの命に触れ、季節を感じるのも、街中に緑が少なくなった今では貴重な体験です。

理論で考えると？

「見守り」は、結果として上手くいってもいかなくても、子どもたちが自分で判断、選択、決定していく機会を提供するので、子どもたちは安心安全の中で恐れなく体験を積み上げることができます。まだ体験が少ないところは、大人と一緒にやってみて創造性を学ぶ機会が得られますし、手助けをしてもらえます。そのヒントによって、効果的な行動を自分のものにしていけます。

ひとり遊びに集中している子どもについて、よくお母さん方から「友達と遊ばないから心配だ」とご質問を受けます。しかし、人とよい関係性をつくるためには、まず一番初めに自分自身が気分良くいられることを知らなければいけません。小さいうちは、自分で感じていることは面白いという感覚です。目の前の物事に向き合い、一人遊びを通じて自分が気分が良く快適だと内観することを体験していないと、人を相手にした時に良い関係を築いていけません。だからこそ乳児の時は一人遊びがとても大切で、遊びに集中できる時間を見守っていただければと思います。土台をしっかり積んだ子どもは、幼児になって社会に出て行った時に、お友達と良い関係を築いていくことができるようになります。たとえば、自分がイライラしている時に相手とよい関係性を保てるでしょうか。自分が穏やかでいる時、気分よくいることで相手といい関係を築けるのではないでしょうか。

小さな実体験を積まなくても得たいものを得られてしまう今の情報社会の時代に、昭和保育園はまさに、昭和の時代に当たり前にしていた、心身共に実体験するプロセスを丁寧に保育の中で積み重ねています。

昭和保育園にいると、人生の舵を自分自身でとることを小さい頃から体験できます。それは、いつでも何かあったら助けてくれると大人を信頼して、安心して、頼ってくれるからです。だから、卒園生が園に来てくれることが絶えません。いくつになっても、何か壁に当たった時、何気ない時、節目を迎えた時、子どもも保護者も昭和保育園を思い出して、ふと立ち寄りたくなることでしょう。

大人も仲良く、ねっ

いつもニコニコ笑顔を絶やさない人の周りには、なんとなく温かい空気があって、気が付けば周りの人たちもいつの間にかニコニコ笑顔になっている・・・なんて、よくあることです。逆に、一人が不機嫌そうな態度をとっているので、なんとな～く全体的にどんよりした雰囲気になってしまうのも、またよくあることです。

表情や態度が雰囲気として周囲に伝播するのであれば、子どもたちにニコニコ笑顔で楽しく過ごしてもらうためには、まず大人がニコニコ笑顔でいることが欠かせません。大人が心からニコニコ笑顔でいるためには、どうしたらいいでしょうか。

「長く働けているのは、仲間がいるからです」

「先生方が仲が良いので働きやすかった」

「保育園に来たら仲間がいて楽しいと感じられる」

昭和保育園の先生方に「昭和保育園に勤めて良かったことは何ですか?」と尋ねると、皆さん異口同音で「大人同士が仲が良い」と答えます。もう少し詳しく聞くと、

「アットホームな雰囲気で子育てても応援してもらったし相談にも乗ってもらった」

「みんな大人なので自分をコントロールできている」

「保育士のことも子供のこともありのままの姿を受け入れてくれる」

「堅苦しくないから」

「周りの仲間がみんな自分の味方をしてくれたので助けられた」

などなど、色々な理由がありそうですが、皆さん本当に楽しそうにニコニコとお話されます。これが演技なら大したものです。グラミー賞ものです。


さて、ここまで先生たちが仲良しなのは偶然でしょうか。たまたま、気の合う人だけが昭和保育園に採用されたのでしょうか。その可能性はゼロではありませんが、先生たちの話を聞くと、色々と見えてくることがあります。

それは、先生同士がとてもよくコミュニケーションしているということです。昭和保育園には休憩室があって、そこには冬はこたつがあり、お菓子や果物を食べながらリラックスしてワイワイ過ごせるようになっています。昭和保育園の休憩時間は1時間と長いので、ここでお喋りをしているうちに、今日の子どもの様子や保護者のこと、地域のことなど、色々な情報が共有されていきます。そしてもちろん、先生自身のことも話題になり、情報が共有されます。

情報が共有されるというと堅苦しいですが、要は「その人がどんな人なのか、周りのみんながわかるようになる」ということです。人間には感情がありますから、自分と違うもの、自分が解らないものは排除しようとしてしまいます。誰かのちょっとした言葉遣いや行動に、カチンと来て腹が立ってしまうこともあるでしょう。でも、相手のことを良くわかっていれば、「あぁ、あの先生はああいう言い方をするけど、悪気はないんや」「あぁ、あの先生は今日は動きにキレがないけど、今日は調子が悪いって言うてはった」と分かるので、腹が立つことも嫌な気持ちになることも少なくて済みます。腹が立ったり嫌な気持ちになることが少なければ、仲良くなるのは自然なことでしょう。仲よくなれば、コミュニケーションは自然に増えます。コミュニケーションが増えれば相手のことがよく解り、もっと仲良くなり・・・良い循環（スパイラル）が生まれてきます。

ですが、ただ休憩室でリラックスしているだけで良いかというと、そうでもありません。K先生は言います。

「昔は、保育士が5時に一斉に帰ることができたので、終業後に保育士の間で非常に深いレベルで情報を共有できました。今は働く女性が多くなったので保育士の時間差勤務も増え、情報共有が難しくなりましたね」

「若い先生は特に、休憩室でもスマホを見てばかりで黙っていることが多いですね。だから私は、彼女たちにも話を聞いてもらえるように、仕事以外のことでもできるだけ面白おかしくしゃべってます。仕事のことしか話さないのはちょっと寂しいですから」

保護者も保育士も働き方が多様化する現在では、意識して情報共有することが欠かせません。

情報共有で仲良くなれるのは先生同士だけではありません。朝に「今日は風邪気味で・・・」と言いながら子供を預けていったお母さんが、夕方子どもを迎えに来た時に、朝と違う先生から「風邪は大丈夫ですか?」と声をかけられたらどうでしょうか。親の体調のことまで先生みんながわかってくれて、気にしてくれる!と、嬉しい気持ちになってもらえるのではないでしょうか。少なくとも、悪い気はしないはずです。そうやって嬉しい気持ちが積み重なっていくと、保護者と先生も仲良くなって、ニコニコ笑顔で話をできるようになります。

「お母さんと先生が仲良くしゃべってるのを見ると、子どもは『この先生は安心できる人間や』と思ってくれるんです。」(O先生)

というメリットもあります。

おわりに

本書を出版するにあたり、当園の色々なことを改めて見直すことで、様々な発見がありました。
何十年も前の先人の先見の明に驚かされたり、
地域の方々からの昔からずっと続く温かい支援に触れたり、
当園の保育の良いところも悪いところも含めた特徴を再認識したり、
子どもたちのために知恵を絞った歴代保育士たちの情熱に触れたり・・・
それは、当園がいかに多くの方から支えられ、愛されてきたかという記録であり、記憶でした。
本書にまとめられたのはそれらのほんの一部ですが、創立90周年の機会に書籍という形にできたのは幸運なことです。

子どもは、お父さん、お母さん、おじいちゃんおばあちゃんがだいすき！
お父さんお母さん、おじいちゃんおばあちゃんは、子どもがだいすき！
保育士は、子どもたちがだいすき！
子どもたちは、保育園がだいすき！

保育園は、東山のこの地がだいすき！
地域の方々は、保育園がだいすき！

色々な「だいすき！」に囲まれて、当園は90年間歩んできました。
これからも、全ての「だいすき！」を大切にし、１００周年、そしてその先へと歩んでまいります。

最後に、本書の出版費用を負担していただいた、当園のバザー実行委員会に感謝申し上げます。
また、当園の運営に適切な助言を与えていただき、本書を出版する機会をつくってくださった選択理論心理士の地當亜希子先生と、出版に不慣れな当園を支えてくださった三学出版の中桐和弥氏に感謝申し上げます。

２０１９年１０月

昭和保育園園長　海老原久美子

本書の「昭和保育園の保育と理論」ページの理論監修者をご紹介します。

地當　亜希子(じとう　あきこ)

株式会社 Verita（ヴェリータ）代表取締役
日本選択理論心理学会認定　選択理論心理士、
保育士、幼稚園教諭、スクールカウンセラー
WGI（william Glasser International）認定 プラクティカムスーパーバイザー
日本選択理論心理学会　大阪中央支部支部長
一般財団法人日本プロスピーカー協会 認定ベーシックプロスピーカー
NPO 法人 日本リアリティセラピー協会協会員
日本選択理論心理学会　正会員
一般社団法人　日本 SDGs 協会協会員

【略歴】
1968 年生まれ。大阪市在住。
20 年以上乳幼児教育に携わり、保育園では統括リーダーを務め、リードマネジメント(選択理論心理学を用いたマネジメント)を取り入れ、満足度の高い組織づくりに成功する。2015 年選択理論心理士の認定資格を取得。2016 年教育事業(Verita)を設立。2018 年 4 月リアリティセラピー講座の講師である WGI（william Glasser International）認定 プラクティカムスーパーバイザーを取得。2019 年 4 月事業を法人化。私立高校「ビジネスコミュニケーション」必須授業の外部講師、スクールカウンセラー、職員研修、学校教育講演会、保育園･企業･医療法人コンサルティング、子育て講座、メンタルヘルス研修、再就職支援事業所ワークショップ、社員カウンセリングなど、幅広く教育活動を行っている。

【講演実績】
中国北京日本大使館にて講演、保育園協会主任研修、小学校教育講演会、労働保険センター NIPLE 大阪　　他講演会多数

【メディア掲載・出演実績】
2016 年 10 月　女性雑誌「STORY」に掲載
2016 年 9 月　大阪日日新聞社にワークショップの記事が掲載

【理論パートの参考文献】
Glasser,W.1990 柿谷正期訳 1994『クオリティ・スクール』サイマル出版会
Glasser,W.1998 Choice Theory 柿谷正期訳『グラッサー博士の選択理論』アチーブメント出版
『選択理論を学校に　クォリティ・スクールの実現に向けて』柿谷正期　井上千代　2011　ほんの森出版
柿谷正期　論文「クォリティスクールの取り組み」
William Glasser International　HP ／日本リアリティセラピー協会　HP

昭和保育園

園名	社会福祉法人 京都社会事業財団 昭和保育園
住所	京都市東山区鞘町七条下ル一橋宮ノ内町 15-4
アクセス	京阪七条駅より徒歩 1 分
TEL	075-561-0091
FAX	075-561-0743
園長	海老原 久美子
保育時間	AM7:00 ～ PM7:00
対象	産休明けから就学前
定員	140 人

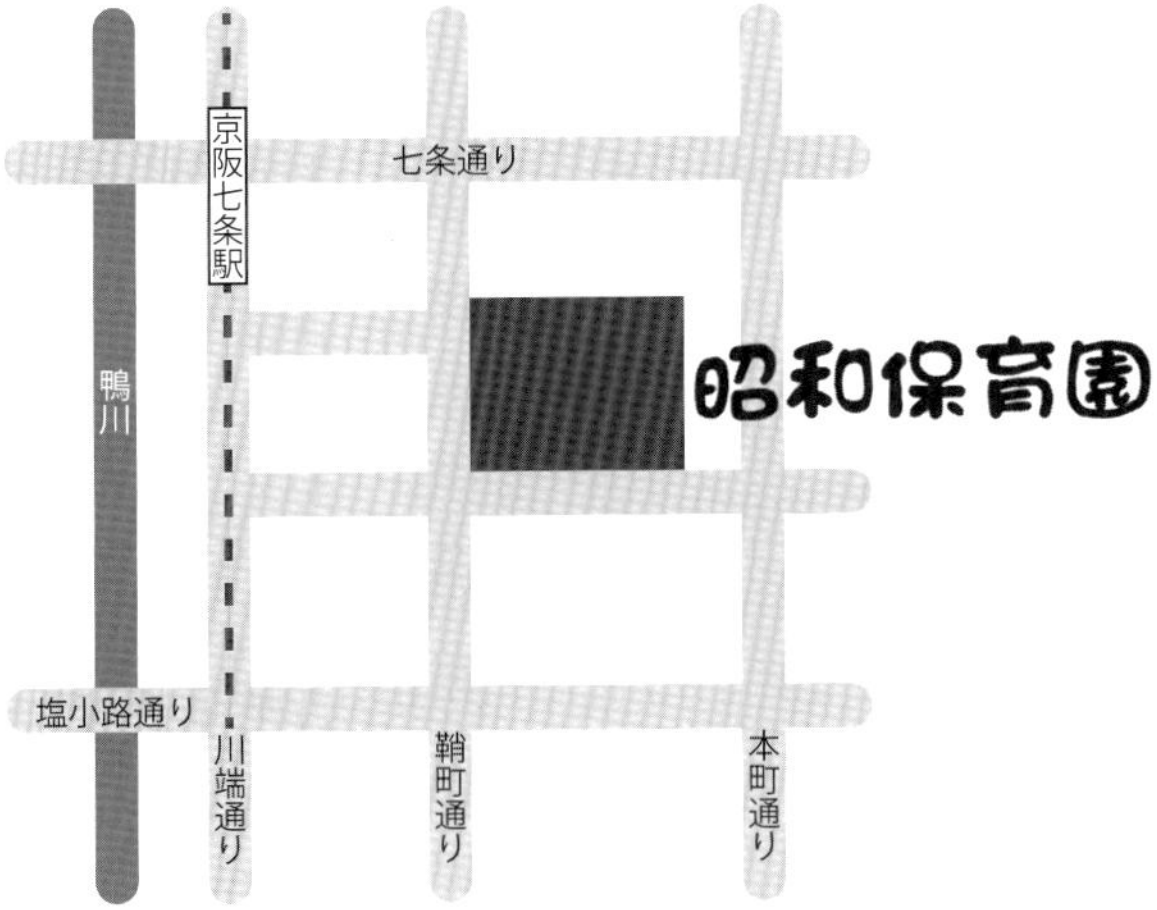

昭和保育園創立 90 周年記念誌

だいすき！

伝統園にみる、今こそ必要な保育の姿

2019 年 11 月 1 日初版印刷
2019 年 11 月 7 日初版発行

著　者　昭和保育園
監　修　地當亜希子
発行者　中桐十糸子
発行所　三学出版有限会社
520-0835 滋賀県大津市別保 3 丁目 3-57 別保ビル 3 階
TEL 077-536-5403　FAX 077-536-5404
http://sangaku.or.tv

(株)亜細亜印刷　印刷・製本